# 365 CHARADAS INCRÍVEIS

Dados Internacionais de Catalogação na Publicação (CIP) de acordo com ISBD

C578t    Ciranda Cultural

365 Charadas incríveis / Ciranda Cultural ; ilustrado por Shutterstock.com. - 2. ed. - Jandira, SP : Ciranda Cultural, 2020.
128 p. : il. ; 15,2cm x 22,5cm. - (As melhores)

Inclui índice.
ISBN: 978-65-5500-226-3

1. Humor. 2. Piadas. 3. Entretenimento. I. Shutterstock.com. II. Título. III. Série.

CDD 808.882
2020-939                                             CDU 821.134.3(81)-7

**Elaborado por Odilio Hilario Moreira Junior - CRB-8/9949**

Índice para catálogo sistemático:
1. Piadas 808.882
2. Piadas 821.134.3(81)-7

© 2020 Ciranda Cultural Editora e Distribuidora Ltda.
Produção: Ciranda Cultural
Preparação: Monique D'Orazio
Diagramação: Carlos Henrique Santos
Ilustrações: Shutterstock: Cory Thoman – págs. 121 e 124, dedMazay – pág. 139, Dmitry Natashin – pág. 7, Dusan Pavlic – pág. 8, notkoo – pág.120, Refluo – pág. 62, Ron Leishman – págs. 2 a 155, Vector Tradition SM – pág. 136

2ª Edição em 2020
3ª Impressão em 2025
www.cirandacultural.com.br

Todos os direitos reservados. Nenhuma parte desta publicação pode ser reproduzida, arquivada em sistema de busca ou transmitida por qualquer meio, seja ele eletrônico, fotocópia, gravação ou outros, sem prévia autorização do detentor dos direitos, e não pode circular encadernada ou encapada de maneira distinta daquela em que foi publicada, ou sem que as mesmas condições sejam impostas aos compradores subsequentes.

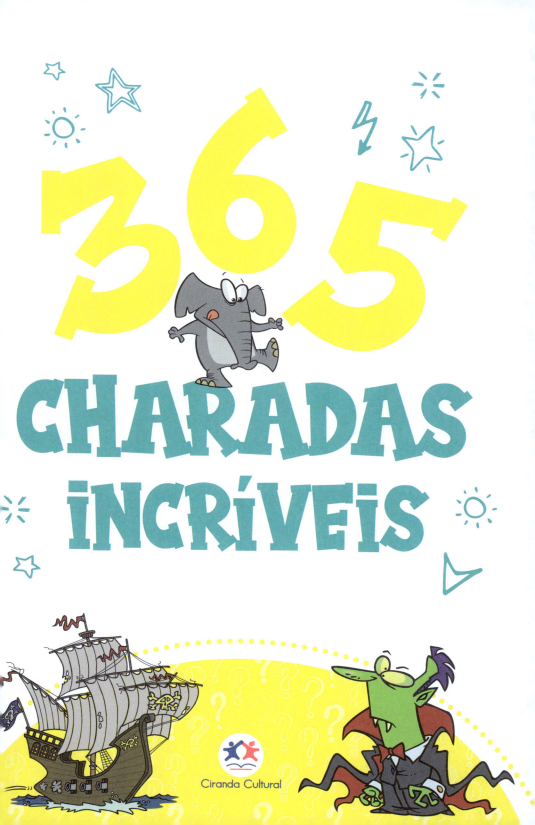

# SUMÁRIO

| | |
|---|---|
| ALIMENTOS | 6 |
| ANIMAIS | 16 |
| CIÊNCIAS | 36 |
| CORPO HUMANO | 46 |
| ÉTICA | 52 |
| GEOGRAFIA | 62 |
| HISTÓRIA | 68 |
| LOUCOS | 74 |
| PROFISSÕES | 78 |
| CORES | 88 |
| MATEMÁTICA | 98 |
| LÍNGUA PORTUGUESA | 104 |
| CONSTRUÇÕES | 112 |
| SENTIDOS E SENTIMENTOS | 118 |

# ALIMENTOS

## QUEM É A AVÓ DO MINGAU?

Resposta: A aveia Quaker.

# ALIMENTOS

**VOCÊ SABE** QUAL É A DIFERENÇA **ENTRE A** LAGOA E A PADARIA?

**Resposta:** Na lagoa HÁ SAPINHO, e na padaria ASSA PÃO.

**VOCÊ SABE** COMO QUEIMAR **2 MIL CALORIAS** SEM FAZER EXERCÍCIOS?

**Resposta:** Esqueça a pizza no forno.

**QUAL É O DOCE** MAIS BRAVO **DO MUNDO**?

**Resposta:** A pamonha, porque tem que ser amarrada para ir à panela.

## ALIMENTOS

**ONDE O SUPER-HOMEM COMPRA COMIDA?**

Resposta: No supermercado.

**NA ÁGUA NASCI, NA ÁGUA ME CRIEI, MAS, SE ME JOGAREM NA ÁGUA, MORREREI.**

O QUE EU SOU?

Resposta: O sal.

**VERDE FUI CRIADO, DOURADO FUI CORTADO**

Resposta: O trigo.

**DURO FUI MOÍDO, BRANCO FUI AMASSADO. O QUE EU SOU?**

**O QUE JOÃOZINHO DISSE AO VER UM MONTE DE CAIXAS DE LEITE NO JARDIM?**

Resposta: Nossa! Um ninho de vaca.

8

## ALIMENTOS

**VOCÊ JÁ OUVIU A PIADA DA MANTEIGA?**

Resposta: É melhor eu não dizer, ela pode se espalhar.

**QUEM É A MÃE DA HORTA?**

Resposta: A MÃEdioca.

**QUEM É O NAMORADO DA GALINHA CAIPIRA?**

Resposta: O frango xadrez.

**COMO SE FAZ OMELETE DE CHOCOLATE?**

Resposta: Com ovos de Páscoa.

## ALIMENTOS

**POR QUE A GOIABADA DESISTIU DE NAMORAR O QUEIJO?**

**Resposta:** Porque o queijo era fresco.

**QUAL É O ÚNICO SPA QUE ENGORDA?**

**Resposta:** O SPAguete.

**POR QUE A BANANA FOI AO DERMATOLOGISTA?**

**Resposta:** Porque ela estava descascando!

# ALIMENTOS

**O QUE O TOMATE FOI FAZER NO BANCO?**

Resposta: Foi tirar extrato.

**O QUE COMBINA COM MACARRÃO PARAFUSO?**

Resposta: Farinha de rosca.

**QUAL É A FRUTA QUE MAIS GOSTA DE MÚSICA?**

Resposta: A graVIOLA.

**QUAL É A FRUTA MAIS RICA?**

Resposta: A mexeRICA.

# ALIMENTOS

**O QUE AS NUVENS MAIS GOSTAM DE COMER?**

Resposta: Bolinho de chuva.

**O QUE É QUE TEM CABEÇA, DENTE E BARBA, MAS NÃO É BICHO E NEM GENTE?**

Resposta: O alho.

**QUAL É O MELHOR MOMENTO PARA SUBIR EM UM PÉ DE MANGA?**

Resposta: Quando o dono do pomar estiver dormindo.

**POR QUE O AGRICULTOR PASSOU O ROLO COMPRESSOR PELA PLANTAÇÃO DE BATATAS?**

Resposta: Para fazer purê.

## ALIMENTOS

VOCÊ SABE PARA ONDE O MAMÃO FOI?

Resposta: PaPRAIA.

O QUE É MAIS ÚTIL QUANDO ESTÁ QUEBRADO?

Resposta: O ovo.

O QUE É QUE PULA E SE VESTE DE NOIVA?

Resposta: A pipoca.

## ALIMENTOS

### QUANDO É QUE O LIMÃO DESAPARECE?

**Resposta:** Quando vira limoNADA.

### QUAL É A COMIDA PREFERIDA DOS ESCRITORES?

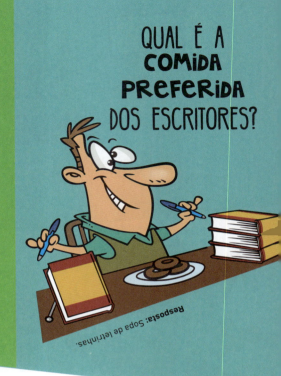

**Resposta:** Sopa de letrinhas.

### QUEM É O AVÔ DO NESCAU?

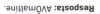

**Resposta:** AVÔmattine.

## ALIMENTOSOS

### O QUE O REI FOI FAZER NA COZINHA?

Resposta: Uma REIceita.

### QUAL É O CÚMULO DO REGIME?

Resposta: Tomar água com adoçante.

### QUEM É A MÃE DO MINGAU?

Resposta: MÃEsena.

15

# ANIMAIS

O QUE É QUE PULA, MAS NÃO É BOLA; TEM BOLSA, E NÃO É MULHER?

Resposta: O canguru.

# ANIMAIS

## POR QUE OS PEIXES NÃO GOSTAM DE JOGAR VÔLEI?

**Resposta:** Porque eles não curtem ficar muito perto da rede.

## POR QUE A GALINHA BATEU A CABEÇA NA PAREDE?

**Resposta:** Porque ela queria um galo.

## POR QUE O PATO TEM CIÚME DO CAVALO?

**Resposta:** Porque o cavalo tem quatro patas.

# ANIMAIS

## COMO SE TIRA LEITE DE UM GATO?

Resposta: Puxando o pratinho dele.

## QUAL É A AULA PREFERIDA DA VACA?

Resposta: A aula de múúúsica.

## POR QUE O CAVALO PEGOU O TELEFONE?

Resposta: Porque ele queria passar um trote.

## QUAL É O ANIMAL MAIS HONESTO DO MUNDO?

Resposta: A cobra, porque ela não passa a perna em ninguém.

# ANIMAIS

## QUANDO VOCÊ TEM CERTEZA DE QUE O OVO NÃO TEM UM PINTINHO DENTRO?

**Resposta:** Quando é ovo de pata.

## POR QUE O TUBARÃO FICOU CHOCADO?

**Resposta:** Porque engoliu um peixe-elétrico.

## O QUE A ZEBRA DISSE PARA A MOSCA?

**Resposta:** Você está na minha lista negra.

19

# ANIMAIS

## QUAL É O SEGUNDO ANIMAL MAIS HONESTO DO MUNDO?

**Resposta:** A tartaruga, porque ela nunca passa ninguém para trás.

## QUAL É O ANIMAL MAIS ANTIGO DO MUNDO?

**Resposta:** A zebra, porque ela ainda é preta e branca.

## COMO SE FAZ PARA TRANSFORMAR UM GIZ NUMA COBRA?

**Resposta:** É só colocar o giz num copo de água. Então, o GIZ BOIA.

## POR QUE O GALO CANTA DE OLHOS FECHADOS?

**Resposta:** Porque ele sabe a música de cor.

## POR QUE CACHORRO TEM HORROR À FEBRE?

**Resposta:** Porque não quer virar cachorro-quente.

# ANIMAIS

**POR QUE AVESTRUZES FOGEM DOS PROBLEMAS ENFIANDO A CABEÇA NA AREIA?**

Resposta: Porque pensam que, se os olhos não veem, o coração não sente.

**O QUE É QUE O BOI FOI FAZER NA PAPELARIA?**

Resposta: Comprar uma Boirracha.

**POR QUE O PASSARINHO NÃO BRIGA COM O LEÃO?**

Resposta: Porque ele tem pena.

**QUAL É O ANIMAL QUE ESTÁ SEMPRE COM SONO?**

Resposta: A zebra, afinal, ela está sempre de pijama.

**QUAL É O ANIMAL QUE TEM CINCO PATAS?**

Resposta: O tigre-de-bengala.

21

# ANIMAIS

## QUAL É O PEIXE NO QUAL NÃO SE PODE CONFIAR?

## POR QUE ENTERRAR UM ELEFANTE É TÃO DIFÍCIL?

**Resposta:** Porque os parentes lotam o cemitério.

**Resposta:** A traíra.

## QUEM É QUE TEM SETE VIDAS, MAS NÃO É GATO?

**Resposta:** A gata.

## ANIMAIS

**UM CHINÊS COMIA GATOS E CACHORROS. QUAL É O NOME DO FILME?**

**Resposta:** Como cães e gatos.

**QUAL É A COBRA QUE TEM RITMO?**

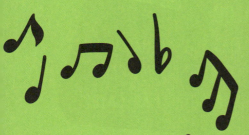

**Resposta:** A cascavel. Ela tem até chocalho.

**QUAL É A MELHOR DEFINIÇÃO PARA MINHOCA?**

**Resposta:** Uma coisa sem pé nem cabeça.

23

## ANIMAIS

## POR QUE O CACHORRO QUER TIRAR HABILITAÇÃO?

**Resposta:** Para dirigir um CÃOminhão.

## DOIS FRANGOS ESTAVAM VOANDO E DE REPENTE UM FALOU:

— EI, MAS FRANGO NÃO VOA.
E LOGO EM SEGUIDA CAIU.
POR QUE O OUTRO NÃO CAIU?

**Resposta:** Porque ele era frango à passarinho.

## QUANDO O CACHORRO FICA DESCONFIADO?

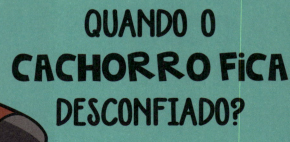

**Resposta:** Quando fica com a pulga atrás da orelha.

# ANIMAIS

## POR QUE A VACA MORREU AFOGADA?

**Resposta:** Porque ela namorou um peixe-boi.

## POR QUE A ABELHA MORREU ELETROCUTADA?

**Resposta:** Porque pousou em uma rosa-choque.

## POR QUE O ZEQUINHA DEU ÁGUA QUENTE PARA AS GALINHAS BEBEREM?

**Resposta:** Para as galinhas botarem ovo cozido.

25

## ANIMAIS

### QUAL É O CAVALO PREFERIDO DO DRÁCULA?

Resposta: O puro-sangue.

### QUAL É O BICHO QUE SÓ TRABALHA PARA MADAME

Resposta: O bicho-da-seda.

### POR QUE OS ELEFANTES SÃO ENRUGADOS?

Resposta: Porque são grandes demais para serem passados a ferro.

## ANIMAIS

### QUAL É MAIOR AMBIÇÃO DA GALINHA?

**Resposta:** Um dia cantar de galo.

### POR QUE É QUE O GATO NÃO SAIU À NOITE?

**Resposta:** Porque a balada miou.

### O QUE UM PASSARINHO DISSE PARA O OUTRO QUANDO VIU UM FOGUETE?

**Resposta:** Eu também voaria depressa se minha cauda estivesse pegando fogo.

# ANIMAIS

## POR QUE O COELHO E A ESQUINA SE PARECEM?

Resposta: Porque os dois têm orelhão.

## QUEM É QUE TEM LUZ MAS SÓ VIVE NO ESCURO?

Resposta: O vaga-lume.

## POR QUE A GIRAFA É AMARELA, GRANDE E COMPRIDA?

Resposta: Porque, se ela fosse branca, pequena e redonda, ela seria um comprimido.

# ANIMAIS

## QUAL É O DESEJO DA COBRA?

Resposta: Ser pente.

## O QUE UMA SARDINHA DISSE PARA OUTRA QUANDO VIU UM SUBMARINO?

Resposta: Nossa! Gente enlatada.

## QUAL ERA O NOME DO DINOSSAURO QUE NÃO ENXERGAVA?

Resposta: Venadassauro.

29

## ANIMAIS

# QUAL É
O NOME DO PEIXE QUE SE JOGOU DO ALTO DE UM PRÉDIO?

Resposta: Aaaaaaaaaatum.

# QUAL É
O NOME DO DENTISTA DO DINOSSAURO?

Resposta: Tiranodente.

# DE QUAL
ANIMAL O VAMPIRO MAIS GOSTA?

Resposta: Da girafa.

## ANIMAIS

SE VOCÊ ESTIVER NA SELVA E VIR UM LEÃO ACORDANDO DE UM COCHILO, QUE HORAS SÃO?

**Resposta:** Hora de correr.

POR QUE O GATO MIA PARA A LUA E ELA NÃO RESPONDE?

**Resposta:** Porque astro-no-mia.

QUEM É MAIS FORTE: A TARTARUGA OU O ELEFANTE?

**Resposta:** A tartaruga, afinal, ela leva a casa nas costas.

# ANIMAIS

## ONDE AS OSTRAS SE HOSPEDAM?

**Resposta:** Em hotel cinco OSTRelas.

## O QUE O TATU PROPÔS PARA O IRMÃO DELE?

**Resposta:** Fazer uma TATUagem.

## QUAL É A ROUPA PREFERIDA DA GALINHA?

**Resposta:** Traje de gala.

## O QUE ACONTECE QUANDO DOIS GAMBÁS DISCUTEM?

**Resposta:** A coisa fede.

# ANIMAIS

## QUAL É O CÚMULO DA DISTRAÇÃO?

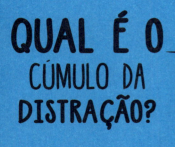

**Resposta:** Tomar conta de duas lesmas e deixar uma escapar.

## COMO A COBRA PODE SALVAR ALGUÉM DE UMA ENCHENTE?

**Resposta:** Dando o bote.

## QUEM É O PAI DAS AVES?

**Resposta:** É o Palpagaio.

## ONDE O CACHORRO MORA?

**Resposta:** No CÃOdomínio.

# ANIMAIS

## QUANDO É QUE A GIRAFA RESOLVE SE CASAR?

**Resposta:** Quando encontra um noivo à altura.

## QUANTAS OVELHAS SÃO NECESSÁRIAS PARA FAZER UM CASACO?

**Resposta:** Poxa! Eu nem sabia que as ovelhas costuravam.

## POR QUE O BOI BABA?

**Resposta:** Porque ele não sabe cuspir.

34

## ANIMAIS

# QUEM INVENTOU A FILA?

**Resposta:** As formigas.

# POR QUE É QUE O BOI SOBE O MORRO?

**Resposta:** Porque não dá para passar por baixo.

# CIÊNCIAS

O QUE É, O QUE É?
**QUANTO MAIS SE AUMENTA, MENOS SE VÊ.**

Resposta: A escuridão.

# CIÊNCIAS

**QUAL É O PÉ MAIS RÁPIDO?**

Resposta: O pé de vento.

**POR QUE NÃO É POSSÍVEL CHOVER DURANTE DOIS DIAS SEGUIDOS?**

Resposta: Porque tem uma noite entre eles.

**QUE TIPO DE ENERGIA SÓ TEM EM CASA?**

Resposta: A energia SO-LAR.

# CIÊNCIAS

## O QUE É QUE PODE PASSAR NA FRENTE DO SOL SEM FAZER SOMBRA?

Resposta: O vento.

## O QUE É QUE ESTÁ SEMPRE NA NOSSA FRENTE?

Resposta: O futuro.

## QUAL É O CÚMULO DA AMNÉSIA?

Resposta: Xii... esqueci!

38

# CIÊNCIAS

## POR QUE O CÉU FICA LIMPO NA NOITE DE DIA DAS BRUXAS?

**Resposta:** Porque as bruxas estão voando de vassoura.

## O QUE É QUE UM TERMÔMETRO E UM PROFESSOR TÊM EM COMUM?

**Resposta:** Quando marcam zero, todos tremem.

## POR QUE AS PLANTINHAS NÃO FALAM?

**Resposta:** Porque elas são mudas.

39

## CIÊNCIAS

**POR QUE** AS BRUXAS AINDA **USAM A** VASSOURA PARA VOAR?

**Resposta:** Porque o aspirador de pó é muito pesado.

**COMO É QUE** AS BRUXAS VOAM **NA CHUVA?**

**Resposta:** De rodo.

QUAL É O PLANETA **QUE PODEMOS** COMPRAR NA FARMÁCIA?

**Resposta:** Mercúrio.

40

# CIÊNCIAS

## QUEM É MAIS VELHO, O SOL OU A LUA?

**Resposta:** A Lua, porque ela pode sair à noite.

## QUAL A ÉPOCA MAIS DIFÍCIL PARA SE COMPRAR UMA PASSAGEM PARA A LUA?

**Resposta:** Quando a Lua está cheia.

## POR QUE O ASTRONAUTA TINHA MEMÓRIA RUIM?

**Resposta:** Porque ele vivia no mundo da Lua.

41

## CIÊNCIAS

# O QUE A MÃE DO ET DISSE QUANDO ELE VOLTOU PARA CASA?

"OI, MÃE!"

**Resposta:** Não entre em casa com os pés sujos de Terra.

# QUAL É O CÚMULO DO ASTRONAUTA DISTRAÍDO?

**Resposta:** Bater a nave e dizer que foi por falta de espaço.

# POR QUE UM ASTRÔNOMO SEMPRE SE FRUSTRA QUANDO TENTA ESTUDAR OS GRANDES GRUPOS DE ESTRELAS DO UNIVERSO?

**Resposta:** Porque no telescópio a visão é sempre nebulosa.

42

## CIÊNCIAS

**QUAL É A TECLA PREFERIDA DOS ASTRONAUTAS?**

Resposta: A barra de espaço.

**POR QUE NO NAVIO PIRATA ESTÁ SEMPRE ESCURO?**

Resposta: Porque o vento está sempre apagando as velas.

**QUAL É A CORRENTE QUE, MESMO MUITO FORTE, NÃO CONSEGUE SEGURAR O NAVIO?**

Resposta: A corrente marítima.

43

## CIÊNCIAS

**UM HOMEM SUBIU NUMA PEDRA E** CAIU LÁ DE CIMA. **QUAL É O NOME DELE?**

**Resposta:** Caio Rolando da Rocha.

**QUAL É** A SEMELHANÇA ENTRE O **FOGO E A SEDE?**

**Resposta:** Os dois acabam com água.

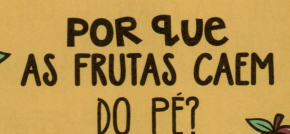

**POR QUE AS FRUTAS CAEM DO PÉ?**

**Resposta:** Porque elas não têm escada para descer.

## CIÊNCIAS

### QUAL É O CÚMULO DA VELOCIDADE?

**Resposta:** Dar uma volta no quarteirão e encontrar com suas costas.

### QUAL É O CÚMULO DA VAIDADE?

**Resposta:** Comer flores para enfeitar os vasos sanguíneos.

### QUAL É O NOME DO CARRO QUE MOSTRA QUANDO VAI CHOVER?

**Resposta:** O Celta preto.

45

# CORPO HUMANO

## O QUE VIRA A CABEÇA DE QUALQUER HOMEM?

Resposta: O pescoço.

# CORPO HUMANO

**QUEM VÊ TUDO MAS NÃO CONTA PARA NINGUÉM?**

Resposta: Os olhos.

**QUAL É A PARTE DO CORPO QUE MAIS COÇA?**

Resposta: A unha.

## CORPO HUMANO

**O QUE É** QUE GANHAMOS DUAS VEZES, **MAS, SE PERDERMOS,** TEMOS DE PAGAR PARA TER MAIS?

Resposta: Os dentes.

**O QUE É, O QUE É?** QUANDO UM VAI NA FRENTE, **O OUTRO VEM LOGO ATRÁS.**

Resposta: Os pés.

**O QUE É, O QUE É?** BATE EM MIM, BATE EM VOCÊ E **BATE EM TODAS AS PESSOAS.**

Resposta: O coração.

# CORPO HUMANO

**QUAL É** O MELHOR REMÉDIO **PARA MIOPIA?**

Resposta: Mil torneiras.

**QUAL É** O CÉU QUE NÃO **TEM ESTRELAS?**

Resposta: O céu da boca.

**O QUE É QUE SE PODE SEGURAR SEM AS MÃOS?**

Resposta: A respiração.

## CORPO HUMANO

**QUAL É A DOENÇA QUE ATACA OS POLICIAIS?**

**Resposta:** A prisão de ventre.

**O QUE É QUE, QUANDO A GENTE ESTÁ DEITADO, ESTÁ EM PÉ; QUANDO A GENTE ESTÁ EM PÉ, ESTÁ DEITADO?**

**Resposta:** O pé.

## CORPO HUMANO

**POR QUE NÃO DÁ PARA CALAR A BOCA DE UMA PESSOA QUE FALA MUITO?**

**Resposta:** Porque ela fala pelos cotovelos.

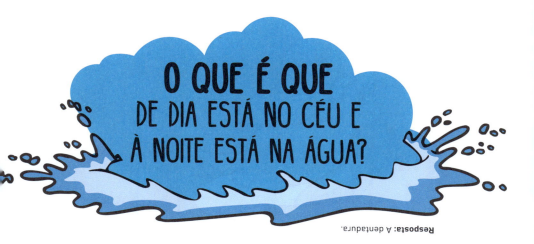

**O QUE É QUE DE DIA ESTÁ NO CÉU E À NOITE ESTÁ NA ÁGUA?**

**Resposta:** A dentadura.

# ÉTICA

## QUAL É O CÚMULO DA PREGUIÇA?

**Resposta:** Deitar na rede e esperar que o vento balance.

# ÉTICA

**QUEM É QUE TOCA MAIS ALTO, O PIANISTA OU O FOFOQUEIRO?**

**Resposta:** O fofoqueiro. Ele bota a boca no trombone.

**QUAL É O OUTRO CÚMULO DA PREGUIÇA?**

**Resposta:** Acordar mais cedo para ficar mais tempo sem fazer nada.

**QUAL É O CÚMULO DA CARA DE PAU?**

**Resposta:** Comprar fiado e pedir troco.

53

# ÉTICA

## QUAL É O MELHOR CASTIGO PARA UM TIME QUE JOGA SUJO?

**Resposta:** É levar um banho de gols.

## O QUE É UM ASSALTANTE?

**Resposta:** Um "A" que salta.

# ÉTICA

## POR QUE CUPIM NÃO COME MADEIRA DE LEI?

**Resposta:** Para não se meter com a justiça.

## QUAL É O CÚMULO DO COMODISMO?

**Resposta:** Querer que o mar pegue fogo só para comer peixe frito.

## POR QUE O ALUNO RELAPSO NÃO CONHECE AS LEIS?

**Resposta:** Porque não estuda direito.

55

# ÉTICA

## QUAL É O CÚMULO DA HONESTIDADE?

**Resposta:** Sentir-se culpado por pisar em falso.

## POR QUE O BATMAN COLOCOU O BATMÓVEL NO SEGURO?

**Resposta:** Porque ele tem medo de que Robin.

## QUAL É O ÚNICO MAR PERSEGUIDO PELA POLÍCIA?

**Resposta:** É o MARginal.

# ÉTICA

## POR QUE UM LADRÃO NÃO ASSALTA O COFRE DE UM BANCO COM UMA PINÇA?

**Resposta:** Porque o crime não comPINÇA.

## QUAL É O CÚMULO DO LADRÃO BONZINHO?

**Resposta:** Roubar uma galinha e levar os pintinhos para eles não sentirem saudade.

## O QUE É QUE, QUANTO MAIS APANHA, MAIS CONTENTE FICA?

**Resposta:** O pandeiro.

# ÉTICA

## QUAL É O TERCEIRO CÚMULO DA PREGUIÇA?

**Resposta:** Um desocupado comemorar porque o dia seguinte é feriado.

## QUAL É O CÚMULO DO PÃO-DURO?

**Resposta:** Dar um centavo de esmola e ainda pedir o troco.

## QUAL É O OUTRO CÚMULO DO PÃO-DURO?

**Resposta:** Morrer afogado, porque não abre a mão nem para nadar.

# ÉTICA

**QUAL É O CÚMULO DA CONFIANÇA?**

Resposta: Jogar cara ou coroa pelo telefone.

**QUAL É O CÚMULO DO EGOÍSMO?**

Resposta: Só eu sei e não vou contar!

## ÉTICA

# QUAL É O MAIOR DRAMA DE UM MENTIROSO EM UMA ILHA ABANDONADA?

**Resposta:** Ter que mentir para si mesmo.

# O QUE A FOCA MAIS GOSTA DE FAZER?

**Resposta:** Fo-FOCA.

# O MOTORISTA DO CARRO-FORTE DIRIGIA POR UMA ROTA, MAS DECIDIU FAZER UM RETORNO. POR QUE ELE FOI PRESO?

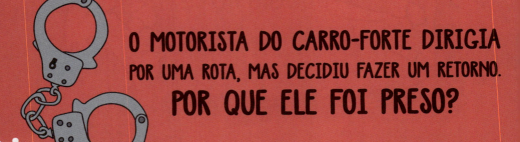

**Resposta:** Porque ele fez um desvio de dinheiro.

# ÉTICA

## POR QUE É DIFÍCIL EXPLICAR O QUE É SENTIDO FIGURADO PARA UM LADRÃO?

**Resposta:** Porque eles sempre levam as coisas, literalmente.

## POR QUE O PORCO FOI EXPULSO DO JOGO DE FUTEBOL?

**Resposta:** Porque ele jogava sujo.

## COMO SE CHAMA UM PATO QUE NÃO SE DÁ BEM COM OS OUTROS PATOS?

**Resposta:** Antipático.

# GEOGRAFIA

## QUAL É O LUGAR MAIS CERTO DO BRASIL?

✓

Resposta: O Sertão.

# GEOGRAFIA

## QUAL É A CIDADE PREFERIDA DO PAPAI NOEL?

Resposta: Natal.

## QUAL É A CIDADE SUL-AMERICANA QUE PENDE NOS GALHOS DA ÁRVORE?

Resposta: Lima.

## QUAL É O CÚMULO DO EXAGERO?

Resposta: Querer passar manteiga no Pão de Açúcar.

63

# GEOGRAFIA

## POR QUE COLOCARAM UMA CAMA ELÁSTICA NO POLO NORTE?

**Resposta:** Para o urso-POLAR.

## EM QUE ILHA OS MACACOS GOSTARIAM DE VIVER?

**Resposta:** Na Ilha do Bananal.

## O QUE BÊBADOS E GEÓGRAFOS TÊM EM COMUM?

**Resposta:** Eles concordam que a Terra nunca para de se mexer.

## COMO OS ESQUIMÓS SE VESTEM?

**Resposta:** O mais rápido possível, para não congelar.

# GEOGRAFIA

## POR QUE OS ELEFANTES SÃO ENCONTRADOS NA ÁFRICA?

**Resposta:** Porque são grandes demais para se esconderem.

## QUAL É A SEMELHANÇA ENTRE O RIO GRANDE DO NORTE E O FIM DO ANO?

**Resposta:** Ambos têm Natal.

## QUEM É QUE NASCE NO RIO, VIVE NO RIO E MORRE NO RIO, MAS NÃO SE MOLHA?

**Resposta:** O carioca.

# GEOGRAFIA

## QUAL É O RIO MAIS AZEDO DO MUNDO?

**Resposta:** O Rio SO-LIMÕES.

## UMA PATA BOTOU UM OVO NA FRONTEIRA DO BRASIL COM O CHILE. O PATINHO QUE NASCEU É BRASILEIRO OU CHILENO?

**Resposta:** Nenhum dos dois. O Brasil não faz fronteira com o Chile.

## QUANDO ALGUÉM ATIRA UMA PEDRA NO MAR VERMELHO, COMO ELA FICA?

**Resposta:** Molhada.

## GEOGRAFIA

**UM CESTO VEM FLUTUANDO NUM RIO COM UM OVO DENTRO. DE ONDE VEIO O OVO?**

Resposta: Da galinha.

**O QUE É QUE O BRASIL PRODUZ, E NENHUM OUTRO PAÍS SABE FAZER?**

Resposta: Brasileiros.

**QUAL É O ESTADO BRASILEIRO CUJO NOME COMEÇA COM O NOME DE UM MEMBRO DO CORPO?**

Resposta: Pernambuco.

# HISTÓRIA

## ONDE D. PEDRO II FOI COROADO?

Resposta: Na cabeça.

## HISTÓRIA

QUAL É O TIPO DE AVIÃO QUE PODEMOS COMER?

Resposta: O 14 Bis.

O QUE A DUQUESA DISSE PARA O DUQUE?

Resposta: DU-QUE você está falando?

## HISTÓRIA

**POR QUE** NAPOLEÃO PREFERE A PARTE DO CHOCOLATE NO SORVETE NAPOLITANO?

**Resposta:** Porque é uma Bonaparte.

O QUE É, O QUE É? **NUNCA VOLTA**, EMBORA JÁ TENHA IDO.

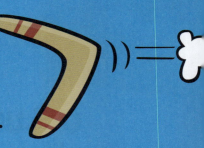

**Resposta:** O passado.

O QUE É UM PONTINHO MARROM NAVEGANDO EM DIREÇÃO AO BRASIL?

**Resposta:** Pedro Álvares CaBROWN.

70

# HISTÓRIA

# QUAL ERA A COMIDA PREDILETA DOS FARAÓS?

Resposta: FARAOfa.

# POR QUE O CALENDÁRIO FEZ UMA LISTA DE DESEJOS?

Resposta: Porque seus dias estavam contados.

# HISTÓRIA

## COMO SE CHAMAVA O HOMEM QUE CRIOU O PRESÉPIO?

**Resposta:** Armando Nascimento de Jesus.

## POR QUE O BRASIL É CHEIROSO?

**Resposta:** Porque ele já foi colônia.

## HISTÓRIA

**POR QUE A MÚMIA NUNCA CHEGA NO HORÁRIO QUANDO VAI ÀS FESTAS?**

**Resposta:** Porque ela vive enrolada.

**SOBRE O QUE OS HISTORIADORES CONVERSAM QUANDO SE ENCONTRAM?**

**Resposta:** Sobre os velhos tempos.

# LOUCOS

**POR QUE** O LOUCO TOMA BANHO COM O CHUVEIRO DESLIGADO?

**Resposta:** Porque comprou xampu para cabelos secos.

## LOUCOS

## O QUE É UM ASPIRADO?

**Resposta:** Uma carta de baralho completamente maluca.

## POR QUE OS LOUCOS NUNCA ESTÃO EM CASA?

**Resposta:** Porque sempre estão fora de si.

## POR QUE O MALUCO FICOU FELIZ QUANDO MONTOU O QUEBRA-CABEÇA EM SEIS MESES?

**Resposta:** Porque na caixa estava escrito: de 4 a 6 an

## LOUCOS

**POR QUE** O MALUCO SÓ USA ROUPAS MOLHADAS?

**Resposta:** Porque na etiqueta estava escrito: lave antes de usar.

O QUE TEM **DEBAIXO** DO TAPETE DO HOSPÍCIO?

**Resposta:** Um doido varrido.

# LOUCOS

## POR QUE O LOUCO JOGOU UMA FACA DENTRO DE UM COPO COM ÁGUA?

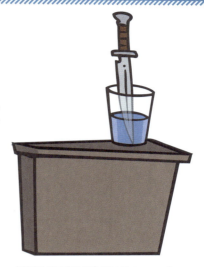

**Resposta:** Porque ele queria matar a sede.

## POR QUE O LOUCO COLOCOU O DICIONÁRIO NA PANELA COM ÁGUA QUENTE?

**Resposta:** Para fazer sopa de letrinhas.

## POR QUE O LOUCO NÃO CONSEGUIU FUGIR DO HOSPÍCIO PELO BURACO DA FECHADURA?

**Resposta:** Porque a chave estava na fechadura.

# PROFISSÕES

QUAL É A DIFERENÇA ENTRE A VACA E O PALHAÇO?

**Resposta:** A vaca gosta de PALHA CRUA, e o palhaço gosta de PALHAÇADA.

## PROFISSÕES

**COMO SE CHAMA O CONFEITEIRO CHINÊS?**

Resposta: Chanti Lee.

**QUANDO É QUE UM DENTISTA QUER NOS VER DE BOCA FECHADA?**

Resposta: Na hora de pagar a conta.

## POR QUE O PORCO TEM RAIVA DO MECÂNICO?

Resposta: Porque ele vive apertando as porcas.

# PROFISSÕES

## QUEM É QUE SEMPRE TRABALHA COM ENERGIA?

Resposta: O eletricista.

## QUAL É O CÚMULO DO BOMBEIRO?

Resposta: Apagar até fogo de vulcão.

## O QUE É QUE UM INSTRUTOR DE AUTOESCOLA FOI FAZER EM UM SHOW DE FORRÓ?

Resposta: Ensinar o Frank a guiar.

## O QUE ACONTECE QUANDO UM MERGULHADOR BATE COM A CABEÇA NO FUNDO DO MAR?

Resposta: Ele vê estrelas-do-mar.

# PROFISSÕES

## QUEM É QUE GANHA PARA ENROLAR NO TRABALHO?

**Resposta:** Funcionário de fábrica de carretel.

## QUANTOS PSICÓLOGOS SÃO NECESSÁRIOS PARA TROCAR UMA LÂMPADA?

**Resposta:** Dois. Um para segurar a lâmpada e o outro para curar o trauma da lâmpada que não queria ser trocada.

## POR QUE O GUARDA DE TRÂNSITO É MAIS FORTE QUE O HOMEM MAIS FORTE DO MUNDO?

**Resposta:** Porque ele pode parar carros com só uma das mãos.

# PROFISSÕES

**COMO É QUE SE RESOLVE UMA BRIGA DE RELOJOEIROS?**

Resposta: Acertando os ponteiros.

**O QUE FAZ O ARTISTA DE TELEVISÃO NO DENTISTA?**

Resposta: Cuida do canal.

**POR QUE É QUE DOIS OCULISTAS DISCUTEM TANTO?**

Resposta: Porque estão defendendo seu ponto de vista.

**QUEM É QUE VIVE DANDO A VOLTA POR CIMA?**

Resposta: Piloto de avião, quando o aeroporto está lotado.

# PROFISSÕES

MEU NOME É PASSOS DIAS AGUIAR.
## QUAL É A MINHA PROFISSÃO?

**Resposta:** Taxista.

## QUEM É QUE,
NO NATAL, ANDA COM
## O SACO CHEIO NAS COSTAS,
SUBINDO E DESCENDO AS RUAS?

**Resposta:** O carteiro (não é o Papai Noel!).

## POR QUE A POLÍCIA ESTÁ SEMPRE DE DIETA?

**Resposta:** Por causa do regime militar.

## O QUE ACONTECE QUANDO UM BAILARINO É DESPEDIDO?

**Resposta:** Ele dança.

83

# PROFISSÕES

## QUEM É QUE NÃO GOSTA DE CONVERSAR?

Resposta: Os cirurgiões plásticos, pois vivem cortando o papo.

## QUAL É A PRIMEIRA COISA QUE O JÓQUEI FAZ QUANDO COMEÇA A CHOVER?

Resposta: Tira o cavalinho da chuva.

## PARA QUEM OS DIAS PASSAM VOANDO?

Resposta: Para o piloto de avião.

## PROFISSÕES

**QUAL É A PROFISSÃO QUE ABORRECE?**

Resposta: A de amolador.

**POR QUE OS PADEIROS TRABALHAM TANTO?**

Resposta: Para ganhar o pão de cada dia.

**QUAL É O CÚMULO DA ATENÇÃO PARA UM TRATADOR DE ZOOLÓGICO?**

Resposta: Enxugar lágrimas de crocodilo.

# PROFISSÕES

## O QUE ACONTECEU QUANDO A MANICURE E A DENTISTA BRIGARAM?

**Resposta:** Lutaram com unhas e dentes.

## QUEM É QUE VÊ MUITA GENTE DE CARA FEIA?

**Resposta:** O cirurgião plástico.

## QUAL É O ESPORTE PREFERIDO DOS MÚSICOS?

**Resposta:** Lançamento de discos.

## POR QUE OS ALFAIATES SE PARECEM COM OS ESTUDANTES?

**Resposta:** Porque ambos estão sempre fazendo provas.

# PROFISSÕES

**QUAL É O PROFISSIONAL QUE SEMPRE CAI QUANDO VAI TRABALHAR?**

**Resposta:** O paraquedista.

**QUAL É O CÚMULO DA PROFISSÃO?**

**Resposta:** Barbeiro não fazer a própria barba.

**QUAL É A PROFISSÃO MAIS FOFOQUEIRA?**

**Resposta:** A dos fotógrafos, porque vivem revelando o que viram.

**POR QUE O FILHO DO ELETRICISTA SONHA EM ENTRAR PARA A POLÍCIA MILITAR?**

**Resposta:** Para participar da tropa de choque.

87

# CORES

O QUE É UM PONTINHO COR-DE-ROSA NO ARMÁRIO?

Resposta: Um cuPINK.

# CORES

**O QUE É UM PONTINHO PRETO NO CARRO?**

Resposta: Um BLACK de mão.

**O QUE É UM PONTINHO VERDE NO AEROPORTO INTERNACIONAL?**

Resposta: Um GREENgo.

89

## CORES

**PARA QUE SERVEM ÓCULOS VERDES?**

Resposta: Para VER DE perto.

**E PARA QUE SERVEM ÓCULOS VERMELHOS?**

Resposta: Para VER MELHOR.

**O QUE É UM PONTINHO VERMELHO EM CIMA DE UMA ÁRVORE?**

Resposta: É um MORANGOtango.

**O QUE É UM PONTINHO PRETO NO CASTELO?**

Resposta: Uma pimenta-do-reino.

# CORES

## O QUE É UM PONTINHO BRANCO EM CIMA DA GELADEIRA?

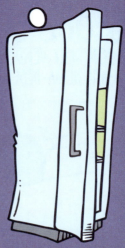

**Resposta:** Uma pipoca suicida.

## O QUE É UM PONTINHO COLORIDO NO CACHORRO?

**Resposta:** Uma pulga pulando carnaval.

## O QUE SÃO CINCO PONTINHOS AZUIS NO PALCO?

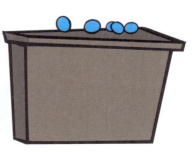

**Resposta:** Uma banda de blues.

91

## CORES

**O QUE É UM PONTINHO VERDE A 200 KM/H NUMA DESCIDA?**

Resposta: Uma ervilha sem freio.

**O QUE É UM PONTINHO AZUL VOANDO?**

Resposta: É um uruBLUE.

**O QUE É UM PONTINHO VERDE SOBRE UM PONTINHO AMARELO NO CANTO DA SALA?**

Resposta: É uma ervilha de castigo ajoelhada no milho.

**O QUE É UM PONTINHO AMARELO NUMA LIMUSINE?**

Resposta: Um MILHOnário.

# CORES

## O QUE SÃO DOIS PONTINHOS AZUIS DENTRO DE UMA CASINHA DE CACHORRO?

**Resposta:** Um pitBLUE e um BLUEdog.

## O QUE É UM PONTINHO AZUL E MARROM VOANDO?

**Resposta:** Uma BROWNBLUEleta.

## O QUE É VERDE, MAS NÃO É CAPIM, É BRANCO, MAS NÃO É ALGODÃO,

## É VERMELHO, MAS NÃO É SANGUE, É PRETO, MAS NÃO É CARVÃO?

**Resposta:** A melancia.

## O QUE É UM PONTINHO METÁLICO NA GRAMA?

**Resposta:** Uma formiga de aparelho.

93

# CORES

## O QUE É UM PONTINHO PRETO NO MEIO DA ESTRADA?

Resposta: Um calhamBLACK.

## O QUE É UM PONTINHO VERMELHO GIRANDO NO MEIO DO MAR?

Resposta: Um REDemoinho.

## O QUE É UM PONTINHO VERDE EM UMA MANCHA BRANCA NO FOGÃO?

Resposta: Uma ervilha chorando o leite derramado.

## O QUE É UM PONTINHO AMARELO NO CÉU?

Resposta: Um YELLOWcóptero.

94

# CORES

## O QUE É UM PONTINHO VERDE NA ESTRADA?

**Resposta:** Um VolksVAGEM.

## O QUE É VERMELHO E MORA EMBAIXO DO CÉU?

**Resposta:** A língua.

## O QUE É UM PONTINHO VERMELHO NA PAREDE?

**Resposta:** Um REDlógio de parede.

# CORES

## O QUE É UM PONTINHO BRANCO CORRENDO NO MEIO DA MATA?

**Resposta:** Uma formiga vestida de noiva, atrasada para o casamento.

## O QUE É UM PONTINHO VERDE NO MEIO DE UM MONTE DE PONTINHOS AMARELOS?

**Resposta:** Uma ervilha visitando a lata de milho.

# CORES

## O QUE É UM PONTINHO AMARELO NA SELVA?

Resposta: Um YELLOWfante.

## QUANDO É QUE VOCÊ AVANÇA NO VERMELHO E PARA NO VERDE?

Resposta: Quando come melancia.

# MATEMÁTICA

## O QUE O LIVRO DE MATEMÁTICA FALOU PARA O LIVRO DE HISTÓRIA?

**Resposta:** Não me venha com histórias, porque eu já estou cheio de problemas.

# MATEMÁTICA

**POR QUE** É QUE O CÍRCULO SEMPRE ESTÁ QUENTE?

**Resposta:** Porque ele tem 360 graus.

## O QUE É ESTATÍSTICA?

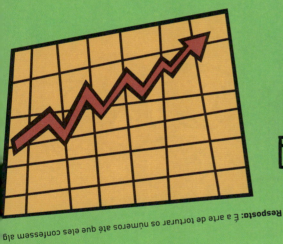

**Resposta:** É a arte de torturar os números até que eles confessem alg

## O QUE É UM BIMESTRE?

**Resposta:** É um mestre em duas artes marciais.

# MATEMÁTICA

## QUAIS NÚMEROS SÃO DA MESMA FAMÍLIA?

Resposta: Os números primos.

## O QUE É, O QUE É? TÊM OITO RODAS, MAS SÓ LEVAM UM PASSAGEIRO.

Resposta: Os patins.

## COMO É 99 EM CHINÊS?

Resposta: Quase chem.

# MATEMÁTICA

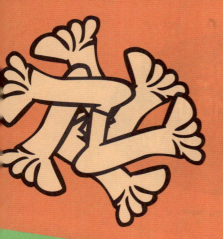

**O QUE É, O QUE É?**
DE DIA TEM QUATRO PÉS
E À NOITE TEM SEIS.

Resposta: A cama.

**POR QUE UM**
MATEMÁTICO VIAJA DE AVIÃO
**SEMPRE USANDO**
UMA MEIA PRETA
E OUTRA MARROM?

Resposta: Porque a chance de um cair com um matemático usando cores diferentes é menor.

**O QUE É UMA COORDENADA?**

Resposta: Alguma coisa que não tem cor.

101

# MATEMÁTICA

## O QUE UM NÚMERO DISSE PARA O OUTRO?

**Resposta:** Não conto mais com você!

## POR QUE O LIVRO DE MATEMÁTICA ERA DEPRESSIVO?

**Resposta:** Porque tinha muitos problemas.

## QUAL É O CÚMULO DA IGNORÂNCIA?

**Resposta:** Tirar par ou ímpar com o espelho.

# MATEMÁTICA

**O QUE A CALCULADORA DISSE PARA O CONTADOR?**

Resposta: Pode contar comigo.

**UMA CASA TEM QUATRO CANTOS E EM CADA CANTO TEM UM GATO. SE CADA GATO VÊ TRÊS GATOS, QUANTOS GATOS HÁ NA CASA?**

Resposta: Quatro.

**HÁ 5 PASSARINHOS NA ÁRVORE, E VOCÊ ASSUSTA UM. QUANTOS SOBRAM?**

Resposta: Nenhum, pois os outros 4 saem voando.

# LÍNGUA PORTUGUESA

**O que** não pode faltar no meio da festa?

Resposta: A letra "S".

## LÍNGUA PORTUGUESA

O QUE TEM NO MEIO DO OVO?

Resposta: A letra "V".

VOCÊ SABE QUAL É O CONTRÁRIO DE VOLÁTIL?

Resposta: Vem cá, sobrinho!

O QUE É, O QUE É?
TODAS AS MÃES TÊM.
SEM ELE, NÃO TEM PÃO.
SOME NO INVERNO E APARECE NO VERÃO.

Resposta: O til.

105

## LÍNGUA PORTUGUESA

### O QUE SIGNIFICA "FRENCH" EM PORTUGUÊS?

Resposta: É o que está na frente. Saia da FRENCH que eu quero passar.

### O QUE TEM NO FINAL DO TÚNEL?

Resposta: A letra "L".

### ANTIGAMENTE, FARMÁCIA SE ESCREVIA COM PH. E HOJE, COMO SE ESCREVE?

Resposta: Com "H".

## LÍNGUA PORTUGUESA

**O QUE É EDIFÍCIO?**

**Resposta:** É o antônimo de "é fácil".

**O QUE É UM PONTO FINAL?**

**Resposta:** É um asterisco que passou gel.

**O QUE É UMA VÍRGULA NA GRAMA?**

**Resposta:** Uma formiga usando um produto d[...]

**O QUE SIGNIFICA "LIGHT" EM PORTUGUÊS?**

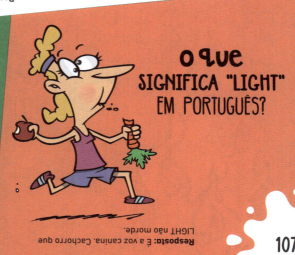

**Resposta:** É a voz canina. Cachorro que LIGHT não morde.

107

# LÍNGUA PORTUGUESA

**QUAL É O FUTURO DO VERBO BOCEJAR?**

Resposta: Eu dormirei.

**O QUE É, O QUE É?** A ARARA TEM TRÊS, MAS O PATO SÓ TEM DUAS.

Resposta: Sílabas.

**QUAL É A MAIOR PALAVRA DO MUNDO?**

PNEUMOULTRAMICROSCOPICOSSILICOVULCANOCONIÓTICO?

Resposta: Arroz, porque começa com "A" e termina com "Z".

**QUAL É O FUTURO DO VERBO QUEIMAR?**

Resposta: Fumaça.

108

# LÍNGUA PORTUGUESA

## QUAL É A MULHER QUE, INVERTIDA, VOA?

**Resposta:** Eva, que vira ave.

## O QUE PODE TER MAIS DE 36 ACENTOS?

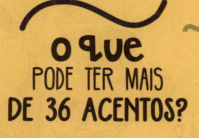

**Resposta:** O ônibus (mais de 36 assentos).

## QUAL É O FIM DE TUDO?

**Resposta:** A letra "O".

109

# LÍNGUA PORTUGUESA

**O QUE** APARECE UMA VEZ NO MINUTO, **UMA VEZ NO MÊS,** MAS NENHUMA VEZ NO ANO?

Resposta: A letra "M".

**O QUE É QUE** NA TERRA TEM DUAS, NO MAR TEM UMA E NO MUNDO **NÃO TEM NENHUMA?**

Resposta: A letra "R".

**QUAL É** O CÚMULO DA **IGNORÂNCIA?**

Resposta: Assinar carta anônima.

**O QUE É QUE** NÃO TEM PÉ, RODA, ASA, VENTRE OU NADADEIRA, MAS MESMO SEM SER CARREGADA PODE DAR UMA VOLTA AO MUNDO?

Resposta: Notícia.

110

# LÍNGUA PORTUGUESA

**O QUE EU NÃO TENHO, TODOS TÊM DOIS E VOCÊ TEM 1?**

Resposta: A letra "O".

**QUAL É A FERRAMENTA QUE JÁ FOI?**

Resposta: A foice.

**COMO É QUE SE CHAMA A REVISTA VEJA NO INTERIOR?**

Resposta: Oia.

**O QUE SIGNIFICA "TOO MUCH" EM PORTUGUÊS?**

Resposta: É o fruto do tomateiro. Gosto de salada de TOO MUCH.

111

# CONSTRUÇÕES

## QUAL É
A COISA MAIS DURA QUANDO
SE APRENDE A ANDAR DE BICICLETA?

Resposta: O chão.

# CONSTRUÇÕES

**POR QUE JOÃOZINHO NÃO FEZ A LIÇÃO DE CASA?**

Resposta: Porque ele mora em apartamento.

**O QUE É QUE CORRE EM VOLTA DO PASTO INTEIRO SEM SE MEXER?**

Resposta: A cerca.

**O CINEMA ESTAVA CHEIO DE CIMENTO. QUAL É O NOME DO FILME?**

Resposta: Nenhum, o cinema estava em construção.

**O QUE UM TIJOLO FALOU PRO OUTRO?**

Resposta: Há um ciumento entre nós.

# CONSTRUÇÕES

## O QUE UM POSTE DISSE PARA O OUTRO?

**Resposta:** Essa fiarada toda é sua?

## QUAL É A PARTE MAIS RÁPIDA DA CASA?

**Resposta:** O corredor.

## O QUE O TETO DISSE PARA O LUSTRE?

**Resposta:** Você é a luz da minha vida.

## QUAL É A MISTURA DE UM PORCO-ESPINHO E UMA COBRA?

**Resposta:** Um arame farpado.

# CONSTRUÇÕES

**QUAL É A CABEÇA QUE NÃO TEM MEDO DE PANCADA?**

Resposta: Cabeça de prego.

**O QUE UMA PAREDE FALOU PARA A OUTRA?**

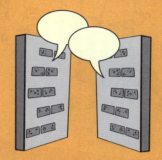

Resposta: Vamos nos encontrar ali no canto.

**QUAL É A CONSTRUÇÃO FEITA DE CIMA PARA BAIXO?**

Resposta: O poço.

**QUAL É A TINTA UTILIZADA PARA PINTAR CASAS NOVAS?**

Resposta: A tinta Suvi-new.

## CONSTRUÇÕES

**EM QUAL PARTE DA CASA NINGUÉM CONSEGUE DORMIR?**

Resposta: No teto.

**O QUE É, O QUE É? MESMO ATRAVESSANDO O RIO, CONSEGUE NÃO SE MOLHAR.**

Resposta: A ponte.

**O QUE VOCÊ PODE COLOCAR EM UM BARRIL PARA ELE FICAR MAIS LEVE?**

Resposta: Buracos.

**O QUE É QUE VAI E VEM SEM SAIR DO LUGA**

Resposta: A porta.

# CONSTRUÇÕES

## QUAL É O CÚMULO DA FORÇA?

Resposta: Dobrar a esquina.

## O QUE É FEITO PARA ANDAR E NÃO ANDA?

Resposta: A rua.

## QUAL É A CASA DAS OVELHAS?

Resposta: A Lã house.

## QUAL É O LUGAR DA CASA QUE ESTÁ SEMPRE COM PRESSA?

Resposta: O corredor.

## O QUE O POSTE FALOU PARA O CACHORRO?

Resposta: Não adianta regar que eu não vou crescer.

# SENTIDOS E SENTIMENTOS

## QUAL É O CÚMULO DA DISTRAÇÃO?

**Resposta:** Comer o guardanapo e limpar o rosto com o bife.

## SENTIDOS E SENTIMENTOS

**QUAL É O CÚMULO DA RAPIDEZ?**

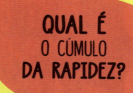

**Resposta:** Trancar a gaveta com a chave dentro.

**QUAL É O CÚMULO DO MEDO?**

**Resposta:** Fugir da própria sombra.

**QUAL É O SEGUNDO CÚMULO DA RAPIDEZ?**

**Resposta:** Correr sozinho em volta da mesa e conseguir pegar você mesmo.

**O QUE É, O QUE É? QUANTO MAIS SE PERDE, MAIS SE TEM.**

**Resposta:** O sono.

# SENTIDOS E SENTIMENTOS

## QUAL É O CÚMULO DA FORÇA?

**Resposta:** Apertar uma moeda até a cara botar a língua para fora.

## POR QUE O CANTOR CANTA COM A MÃO NA ORELHA?

**Resposta:** Porque, se ele colocar a mão na boca, a voz não sai.

## QUAL É O CÚMULO DA TRISTEZA?

**Resposta:** Chorar a morte da bezerra sobre o leite derramado.

## QUAL É A SEMELHANÇA ENTRE O LUTADOR DE BOXE E O TELESCÓPIO?

**Resposta:** Os dois podem fazer a pessoa ver estrelas.

# SENTIDOS E SENTIMENTOS

## O QUE UM ELEVADOR DISSE PARA O OUTRO?

**Resposta:** Pense em quantas pessoas nós já fizemos subir na vida.

## QUANDO O SAPATO RI?

**Resposta:** Quando ele acha graxa.

## QUAL É O CÚMULO DO DESPERDÍCIO?

**Resposta:** Comprar um chapéu para quem vive perdendo a cabeça.

## O QUE ACONTECEU COM O FERRO DE PASSAR ROUPA QUE CAIU NO CHÃO?

**Resposta:** Ficou passando mal.

## QUAL É O CÚMULO DA SOLIDÃO?

**Resposta:** Conversar com o criado-mudo.

## SENTIDOS E SENTIMENTOS

### O QUE UMA MÃO DISSE PARA A OUTRA QUANDO O SHOW DE MÚSICA ACABOU?

**Resposta:** Quer parar de me bater?

### QUAL É O CÚMULO DA PACIÊNCIA?

**Resposta:** Ver uma minhoca caindo de paraquedas.

### QUAL É O MENOR INSTRUMENTO MUSICAL?

**Resposta:** O baixo.

122

## SENTIDOS E SENTIMENTOS

**QUAL É O CÚMULO DA REVOLTA?**

Resposta: Morar sozinho e querer fugir de casa.

**QUAL É A BRINCADEIRA PREDILETA DOS TÍMIDOS?**

Resposta: Esconde-esconde.

**QUAL É O OUTRO CÚMULO DA SOLIDÃO?**

Resposta: Responder o boa-noite do apresentador do telejornal.

**QUAL É O SEGUNDO CÚMULO DA PACIÊNCIA?**

Resposta: Encher uma piscina com conta-gotas.

123

## SENTIDOS E SENTIMENTOS

### O QUE O CADARÇO DISSE PARA O TÊNIS?

Resposta: Estou amarradão em você.

### POR QUE O MENINO COLOCOU O DESPERTADOR EMBAIXO DA CAMA?

Resposta: Para acordar em cima da hora.

### QUAL É O CÚMULO DA MUSICALIDADE?

Resposta: Ouvir o canto da mesa.

### O QUE UMA IMPRESSORA DISSE PARA A OUTRA?

Resposta: Essa impressão é sua ou é impressão minha?

## SENTIDOS E SENTIMENTOS

**O QUE** UMA ABELHA COM SONO **DISSE PARA A OUTRA?**

Resposta: Zzzzzzz!

**QUAL É O CÚMULO DA MAGREZA?**

Resposta: Tomar banho com os braços abertos para não cair no ralo.

**O QUE** NÃO FAZ PALHAÇADA, **MAS FAZ TODOS RIREM?**

Resposta: As cócegas.

**QUAL É O CÚMULO DA DOR?**

Resposta: Descer um escorregador de lâmina cair numa piscina com álcool.

## SENTIDOS E SENTIMENTOS

**QUAL É UM OUTRO CÚMULO DA MAGREZA?**

Resposta: Deitar em cima de um alfinete e se cobrir com uma linha.

**QUAL É A DIFERENÇA ENTRE A MULHER VAIDOSA E A ONÇA?**

Resposta: A mulher anda maquiada, e a onça, pintada (onça-pintada).

**QUAL É O CÚMULO DA LERDEZA?**

Resposta: Apostar corrida sozinho e chegar em segundo lugar.

**QUAL É O CÚMULO DA PAQUERA?**

Resposta: Dar uma cantada na secretária eletrônica.

## SENTIDOS E SENTIMENTOS

**QUAL É O OUTRO CÚMULO DA LERDEZA?**

Resposta: Conto amanhã para você!

**O QUE NÃO É DE COMER, MAS DÁ ÁGUA NA BOCA?**

Resposta: O copo.

**POR QUE, QUANDO O RAPAZ VAI AO CINEMA, ELE SE SENTA NA ÚLTIMA CADEIRA?**

Resposta: Porque quem ri por último ri melhor.

**O QUE É SURDO, MUDO E CEGO, MAS SEMPRE DIZ A VERDADE?**

Resposta: O espelho.

# SENTIDOS E SENTIMENTOS

# POR QUE VOCÊ VAI PARA A CAMA QUANDO ESTÁ COM SONO?

**Resposta:** Porque a cama não pode ir até você.